Klaus Vollmer

Es müßte keiner einsam sein

Hänssler-Verlag
Neuhausen-Stuttgart

CIP-Kurztitelaufnahme der Deutschen Bibliothek

Vollmer, Klaus:
Es müßte keiner einsam sein / Klaus Vollmer. –
2. Aufl. – Neuhausen (Stuttgart): Hänssler, 1979.
    (TELOS-Bücher; Nr. 805: TELOS-Sondertaschenbuch)
    ISBN 3-7751-0188-8

TELOS-Sondertaschenbuch Nr. S 805
© by Hänssler-Verlag, Neuhausen-Stuttgart
1. Auflage 1975
2. Auflage 1979
Umschlaggestaltung: Daniel Dolmetsch
Gesamtherstellung: Ebner Ulm

Inhalt

Vorwort des Verlages

Im vorliegenden Vortrag geht es um die Fragen der Einsamkeit und ihre Überwindung. Klaus Vollmer hat anläßlich eines Jugendtages des Evang. Jugendwerks in Stuttgart diesen Predigtvortrag gehalten unter dem Thema: »Ich möcht', daß einer mit mir geht!« Dieser Vortrag wurde überarbeitet, aber der Redestil weitgehendst beibehalten.

Es ist unser Wunsch, daß auch auf diese Weise das Evangelium in unserer Zeit gehört und geglaubt werden kann.

Ein offenes Wort

Offene Worte haben einen bestimmten Charakter: Sie wollen Verschlossenes erschließen und Verdunkeltes erklären. Wo Nebel herrscht, soll Klarheit den Blick freigeben, und wo unsaubere Geister ihr Wesen treiben, sollen sie der Wahrheit des Geistes und dem Geist der Wahrheit weichen.

Darum haben offene Worte immer etwas mit Eindeutigkeit und Wahrheit zu tun. Sie schaffen Durchblick und geben den Weg frei zu neuem Leben, das sich lohnt.

Wer aber Klarheit scheut, der wird offene Worte nicht ertragen können, er wird darum auch nichts von dem neuen Weg und der Chance erfahren, die jedem offenen Worte innewohnen muß.

Wer aber bereit ist, einer Klärung, auch wenn sie im ersten Augenblick unangenehm und hart ist, zu folgen, der bekommt seine Chance, seine Hilfe und eine völlig neue Möglichkeit zu leben.

Dazu zwei Beispiele:

1. Ein Lehrer sagt einem Schüler, dessen Versetzung gefährdet ist, folgendes:

»Ich muß mit dir ein offenes Wort reden: Wenn du dich nicht in den Fächern Deutsch und Mathematik entscheidend verbesserst, dann wirst du dieses Jahr wiederholen müssen. Bitte, zieh die Konsequenzen und werde fleißiger!«

Was ist passiert? Der Lehrer zeigt deutlich die Lage an, in der der Schüler sich befindet. Gleichzeitig gibt er ihm mit dieser Warnung eine Chance. Die Situation kann noch geändert werden.

Es liegt nun an dem Schüler. Reagiert er ärgerlich über die Wahrheit, daß er möglicherweise sitzenbleibt, und wehrt er die Warnung des Lehrers mit den Worten ab: »Ich mache die Penne durch, wie mir das paßt, mischen Sie sich als Lehrer da nicht rein!« dann nimmt das Schicksal seinen Lauf, und der Schüler muß das Jahr ganz gewiß wiederholen.

Läßt er sich das Wort aber sagen und fällt nun entsprechend seine Entscheidung, indem er mehr und besser lernt, dann hat er seine Chance genutzt, und man kann ihm gratulieren.

2. Ein Arzt untersucht einen Patienten. Er stellt eine bestimmte Krankheit fest und sagt dann zu dem Kranken:

»Ich muß ein offenes Wort mit Ihnen reden. Sie haben einen Herzfehler. Wenn Sie nicht sofort das Rauchen aufgeben und regelmäßig Sport treiben, dann kann ich für nichts mehr garantieren. Wenn Sie sich aber nach meinen Weisungen richten und selbst etwas in Ihre Gesundheit investieren, dann ist noch einiges zu machen!«

Es wird wohl so sein, daß der Patient erschrocken ist. Was wird er nun tun? Wird er sich brüsk vom Arzt abwenden und lostoben: »Ich lasse mich nicht verrückt machen. Meine Lebensgewohnheiten werde ich nicht ändern, mischen Sie sich nicht dazwischen!«, dann wird sein Lebenslicht nicht mehr lange flackern. Tut er aber, was der Arzt sagt, dann kann das Unglück abgewendet werden.

Offene Worte haben diesen Charakter: Sie sind der Wahrheit verpflichtet, und sie können einen Menschen zunächst furchtbar ärgern, weil sie ihm einen Hintergrund aufschließen, der vorher nicht gesehen wurde. Wer aber nun der unbequemen Wahrheit davonläuft, der läuft damit auch der Lebenschance davon, die ihm mit dem offenen Wort angeboten ist.

Damit stehen wir vor der ersten entscheidenden Frage:

Wir wollen über das Wesen der Einsamkeit und über die Durchbrechung der Einsamkeit sprechen. Sind wir in der Lage, eine Wahrheit zu ertragen, die nicht leicht zu ertragen sein wird? Haben wir grundsätzlich noch die Kraft und die Nerven, einen Blick in den Hintergrund aller Einsamkeit zu tun, um damit zu begreifen, warum Millionen von Menschen einfach nicht mit ihrem Leben zurechtkommen können? Erst wenn wir diese Bereitschaft zur Wahrheit aufbringen, wird man der Chance ansichtig, die uns Menschen dann gegeben wird. Wer aber eine Chance haben will ohne Wahrheit, der betrügt sich selbst. Er verhält sich wie der oben genannte Patient. Er kann zwar den Arzt und dessen Diagnose und Ratschlag beiseite schieben, aber den Lebensschaden schiebt er so nicht beiseite. Ich beabsichtige in den kommenden Überlegungen nicht, jemanden interessant zu unterhalten, sondern ich möchte mit Ihnen über Erfahrung, Wesen und Hintergrund der Einsamkeit sprechen. Wir wollen hören, warum die verzweifelten Versuche, aus dem Alleinsein auszubrechen, nicht gelingen können, und warum die gesamte Pädagogik, die Psychologie, die Gruppendynamik usw. darum nicht weiterkommen können, weil sie von Voraussetzungen ausgehen, die dem Menschen nie und nimmer gerecht werden.

In einem zweiten Teil soll dann der Ausweg aus der Einsamkeit gezeigt werden, der genauso überraschend sein wird wie das, was über das eigentliche Wesen gesagt wurde, denn Gemeinschaft ist eben nicht die Anhäufung von zwei oder mehreren Personen, sondern etwas ganz anderes.

So wollen wir in diese Klärung hineingehen. Der gedankliche Aufbau wird folgendermaßen sein:

Ein offenes Wort . . .

I. Einsamkeit – was ist das?
   A. Einsamkeit als Widerfahrnis
   B. Liebe als Lösung?
   C. Eine Frage bricht auf
II. Der Hintergrund der Einsamkeit
   A. Das Gottesverhältnis
   B. Wer bin ich?
   C. Die Ursünde
   D. Was sagt Gott dazu?
   E. Die Situation des Menschen
III. Die Überwindung der Einsamkeit
   A. Das Geheimnis des Evangeliums
   B. Die Überwindung des Selbstbezuges
   C. Die neue Lage
   D. Die Einladung Gottes
      1. Es geht um ein Fest
      2. Was muß ich tun?

I. Einsamkeit – was ist das?

A. Einsamkeit als Widerfahrnis

Vor mir liegt ein Brief. Er kommt von einem jungen Menschen. Die Handschrift zeigt ein offenes Wesen, und die Art und Weise, wie sich der junge Schreiber ausdrückt, weist deutlich auf einen kontaktfreudigen Menschen hin. Aber der Inhalt des Briefes ist eine Klage über die Einsamkeit:

> »Ich bin schrecklich einsam. Nirgendwo ist jemand, der mich wirklich versteht. In unserer Familie ist immer viel los, aber ich glaube, sie leben alle aneinander vorbei. Manchmal denke ich, daß wir darum alle so laut und fröhlich tun, weil wir überdecken wollen, wie allein jeder ist. Zu einem richtigen Gespräch kommt es gar nicht. Und in unserem Jugendklub wird auch nur geblödelt. Ich weiß gar nicht, was ich machen soll . . .«

In einer Umfrage in unserer Bundesrepublik nannten die meisten Menschen Einsamkeit als die furchtbarste Geißel unserer Industrie- und Leistungsgesellschaft. Millionen von Menschen haben nicht so sehr vor der Krankheit, als vielmehr vor der Einsamkeit Angst, in die sie hineingeraten könnten, wenn Freunde und Bekannte plötzlich nicht mehr da sind. Und Ungezählte fürchten sich vor dem Altwerden, weil dann die Einsamkeit der tägliche Gast sein wird.

Viele Selbstmörder gaben in ihrem letzten Brief den Grund ihrer Handlung an: Sie wurden mit der Einsamkeit nicht mehr fertig. Sie konnten es nicht mehr ertragen, daß sie ihre

Sorgen und Nöte allein herumschleppen mußten. Sie litten bis zur Selbstaufgabe daran, daß sie niemanden hatten, der sich mit ihnen austauschen wollte oder konnte. Ihre Einsamkeit wurde so beengend, daß die aufbrechende Lebensangst sie zwang, Selbstmord zu begehen.

Die Ärzte der Seele und des Leibes wissen es längst: Ein hoher Prozentsatz der Krankheiten haben ihre Ursache in dem ständigen Alleinsein. Die Einsamkeit wirkt sich wie die Unterbrechung einer Lebenskraft aus. Das Leben blüht und wächst nicht mehr, es verkrümmt und verkümmert. Das Unheimliche ist aber, daß Einsamkeit nicht nur da entsteht, wo keine Menschen sind, sondern daß oft mitten unter Menschen ein Mensch von einer traurigmachenden Einsamkeit heimgesucht wird. Wer hätte das nicht schon erlebt? Man lebt unter Menschen, aber man kann sich nicht austauschen, man kann sich nicht mitteilen. Es gibt kein wirkliches Gespräch, sondern es wird nur geredet. Wir suchen jemanden, der uns versteht und der mit uns empfinden kann. Wir möchten nicht nur Worte sagen, sondern unser Herz aufdecken. Wir möchten lieben und geliebt werden.

Aber wir entdecken dann plötzlich, daß wir Gefangene sind. Wir finden keinen Weg zu dem andern, es scheint keine Brücke zu geben, über die man das Herz des anderen erreichen kann. Und wo wir dies eines Tages schmerzlich entdecken müssen, da bricht eine Frage auf, die wir nicht zuschütten und verdrängen sollten: Wer bin ich? Was trennt mich vom anderen und was trennt ihn von mir? Warum verstehen wir uns nicht, obwohl wir so viele Worte machen? Warum werden wir nicht eins, obwohl wir soviel zusammen sind? Warum finde ich den Weg nicht zum anderen, obwohl ich so oft bei ihm gewesen bin?

Wir müssen uns in diesem Augenblick etwas eingestehen: Wir suchen die Überwindung der Einsamkeit, und das ist gut zu verstehen. Aber wir müssen auch nach dem Geheimnis fragen, das hinter aller Einsamkeit verborgen liegt.

Wir wollen diesen Schritt tun und den Mut finden, zu fragen: Warum fällt uns die Decke auf den Kopf, wenn wir in unserem Zimmer allein sind? Warum erreichen wir oft den anderen nicht mehr mit unseren Worten, und warum erreicht der andere uns nicht mehr?

Was ist das für ein Geheimnis, daß man meint, einen Menschen lieben zu können, und eines Tages wird er einem völlig fremd, als hätte man ihn nie gekannt?

Warum schaudert uns vor dem Gedanken, daß wir eines Tages als alte Menschen abgeschoben werden? Warum überfallen uns tiefe Ängste, wenn wir an die unausweichliche Einsamkeit der Todesstunde denken? Was steckt hinter dieser Last der Einsamkeit?

Vor einiger Zeit besuchte ich eine Familie. Der Hausherr führte mich in sein sehr gediegenes, herrschaftlich eingerichtetes Arbeitszimmer. Dann sah ich zwischen den breiten, wuchtigen Bücherregalen jenes kurze, aber schwermütigmachende Gedicht von Hermann Hesse:

> Einsam im Leben wandern –
> Leben heißt einsam sein.
> Keiner sieht den andern,
> jeder ist allein.

Als der Gastgeber sah, wie ich auf diese Worte schaute, sagte er einfach und still: »Ich habe diese Zeilen dort hingehängt, weil ich nirgendwo mein Leben besser definiert bekommen habe als in diesen Worten!«

Ja, er hatte recht. Nirgendwo ist unser Leben besser definiert als in dem Wort »Einsamkeit«. Ich fragte mich in diesem Augenblick von neuem: Aber was ist das? Was steckt denn dahinter? Muß das so sein?

Wir alle erfahren es doch ständig: Wir wollen uns verständlich machen, aber wir müssen erleben, daß der andere genau das nicht versteht, was wir gerne sagen wollten.

Wir beabsichtigen, etwas zu tun und meinen es wirklich gut, aber der andere ist plötzlich von Mißtrauen erfüllt und kann sich unserem Wollen und Tun nicht anschließen.

Umgekehrt erleben wir das gleiche. Der andere will sich uns mitteilen, und wir verstehen zwar die Worte, aber das Eigentliche seiner Absicht bleibt uns verborgen. Wir sehen, daß ein anderer etwas tun will, aber wir können ihm nicht folgen, wir glauben einfach nicht, daß er es gut meint.

Man ist sich heute mit einem Menschen scheinbar eins, aber morgen stehen plötzlich Zweifel auf, und wir finden nicht mehr zu dieser Einheit mit dem anderen zurück. Wir müssen dann langsam und leidvoll den Satz nachsprechen lernen: »Leben heißt einsam sein, keiner sieht den andern . . .«

B. Liebe als Lösung?

So wächst die Sehnsucht in unserem Leben heran, wenigstens

einen Menschen zu gewinnen, mit dem man ganz eins ist, der einen versteht, dem man blind vertrauen kann und der in allen Lebenslagen zu einem hält. Und wir beginnen zu ahnen, wie wahr der Satz aus dem Kapitel vor der Erschaffung des Menschen ist: »... es ist nicht gut, daß der Mensch allein sei« (1. Mose 2, 18), und wir strecken uns nach einem Menschen aus, der in unserem Alleinsein dabei sei.

So verlangen wir nach dem Menschen der Liebe und erwarten, daß hier, im tiefsten Einswerden, die Einsamkeit überwunden wird. Aber dann müssen wir eine Erfahrung machen, die wohl mit zu den schwersten gehört, die wir Menschen durchzumachen haben: Gerade dann, wenn wir die letzte Einheit begehren, müssen wir erleben, daß es einen Graben zwischen uns Menschen gibt, der unüberwindbar ist, den auch die Liebe in Wirklichkeit nie zu überschreiten vermag. Denn gerade dann, wenn ich einen anderen Menschen wirklich lieben möchte, stehen diese seltsamen Fragen auf, die wir einfach nicht verdrängen können:

Was meint der andere? Fühlt er genau wie ich? Denkt er das gleiche, oder meint er etwas völlig anderes? Ist sein Herz mir wirlich ganz ergeben, oder spielt er nur Theater? Und bin ich selbst in der Lage, mich wirklich zu öffnen, oder mache ich mir etwas vor? »Ich wollte gerne, aber ich kann es nicht.« Erreiche ich den anderen wirklich, oder bin ich doch nur mit mir allein geblieben?

So schwer es für manchen sein wird, diese Wahrheit zu ertragen, so muß sie dennoch gehört und angenommen werden.

Nicht in der Feindschaft oder in der Gleichgültigkeit zu einem anderen erfahren wir unsere Einsamkeit am tiefsten, sondern genau dann und eigentlich nur dann, wenn wir einen Menschen von ganzem Herzen lieben wollen und erfahren müssen, daß wir niemals eins werden können mit dem anderen, sondern immer nur uns selber erfahren müssen.

Wir erleiden unsere Grenzen am härtesten, wenn wir sie am leidenschaftlichsten überschreiten wollen. Wir sind niemals in dem Du des anderen zu Hause, und wir können nicht ermessen, wer der andere wirklich ist. Je mehr wir mit dem anderen eins sein wollen, um so furchtbarer ist die Erkenntnis, wie fremd und verschlossen letztlich jeder bleiben muß.

Wir kommen in der Begegnung mit dem anderen nicht aus uns heraus, sondern wir kommen durch den anderen immer nur zum Selbsterlebnis. Letztlich bleiben wir allein.

Und wenn jemand sagt: »Sicherlich, wir bleiben als Menschen immer einsam, aber in der Liebe überwinden wir diese Einsamkeit!«, dann soll man ihm glauben, daß er sich das sehnlichst wünscht, aber dieser Wunsch bleibt eben ein Wunsch, weil alles in uns auf diese Einheit angelegt ist. Aber hier liegt ja gerade die Tragik: Das, was sein sollte, kann nicht sein! Und darum hat alle Liebe immer diesen schwermütigen Beiklang: Man möchte Einheit, aber man erfährt, daß man einsam bleibt.

Es bleibt die Frage: Wo soll sich diese Einheit verwirklichen?

Soll dies der Leib mit seinem Lustempfinden erreichen? Nein, im Leib findet ja gerade kein Du-Erlebnis, sondern im Gegenteil ein gesteigertes Selbsterlebnis statt. Ich weiß ja gar nicht, was der andere erlebt; ich kann höchstens von mir auf den anderen schließen. Aber damit habe ich eben nicht mein Alleinsein überwunden, sondern es nur unterstrichen.

Oder soll die Seele, das Gemüt, die Empfindung diese Einheit ermöglichen? Wie denn? Ich erfahre zwar meine Empfindung, meine Sehnsucht und mein Glück, aber was der andere jetzt empfindet, das weiß ich nie. Ich kann ihm auch meine Empfindungen nicht mitteilen. Zwar kann ich sie in Worte kleiden. Ich kann Gedichte machen und ein herzlich gemeintes Liebesgeflüster weitergeben, aber ob der andere dies mitempfindet und ob er nicht etwas viel Tieferes erfährt als ich, das weiß ich nie.

Oder soll der Geist diese letzte Einheit bringen? Gewiß, ich kann viele Gedanken mit dem anderen gemeinsam denken, wir können in unseren Ansichten über dies und jenes und noch viel mehr übereinstimmen, aber ich kann nie und nimmer mit dem anderen geistig eins werden, denn das, was ich jetzt denke, kann im nächsten Augenblick von einem Gedanken weggefegt werden, den ich selbst nie habe denken wollen. Und so muß ich es auch von dem anderen wissen, daß er immer auch das Gegenteil von dem denken kann, was jetzt in ihm vorgeht. Darum ist geistige Einheit nicht etwas, das ich habe oder machen könnte, sondern das ich höchstens glauben kann. Aber gerade dann wird mir die Tiefe des Grabens bewußt, der zwischen mir und dem anderen Geist immer offenbleibt.

C. Eine Frage bricht auf

Wir müssen also feststellen, daß wir uns nach Einheit sehnen. Wir wollen eins sein mit dem anderen. Wir halten unsere Einsamkeit einfach nicht aus. Wir möchten lieben. Aber gerade dann, wenn wir uns aufmachen, um eins zu werden, erfahren wir, daß wir getrennt bleiben. Wir kommen nicht zu dem anderen. Wir kommen immer nur zu uns selbst. Wir kommen nicht aus unserem Ich heraus, sondern spüren immer deutlicher, wie gebunden wir an unser Ich sind. Warum ist das so?

Wir müssen dies sehen und begreifen, auch wenn unsere ganzen Wünsche auf der Strecke bleiben sollten, und wenn dabei die bittere Ahnung aufsteigt, daß wohl alles anders war und ist, als wir uns das erträumten.

Jeder ist in sein eigenes Ich eingeschlossen und damit vom Du des anderen ausgeschlossen. Wir wollen uns gerne mitteilen, aber irgendwann müssen wir uns eingestehen, daß wir im Selbstgespräch steckengeblieben sind. Es war niemand da, der uns wirklich zuhörte. Und wenn jener einzigartige Tag kommt, wo wir mit staunenden oder erschrockenen Augen auf die kalte, schweigende Unerbittlichkeit des Todes starren müssen, dann werden wir endgültig einsehen müssen, was ein Leben lang über uns wahr gewesen ist: Es hat niemand unser Leben geteilt, wir waren immer einsam, wie die letzte Stunde auch einsam sein wird. Warum ist das so?

Wir wollten immer gerne das Du, aber wir mußten bei unserem Ich bleiben. Darum erfährt der Mensch in seiner Einsamkeit seinen eigentlichen Widerspruch: Alles ist auf Einheit angelegt, aber je leidenschaftlicher der Mensch versucht, diese Einheit zu erreichen, um so mehr muß er erfahren, daß sein Gefängnis total ist: Der absolute Ichbezug ist die Erfahrung dessen, der sich nach dem anderen sehnt. Wir werden uns dieser Wahrheit beugen müssen. *Und immer wieder wird an dieser Wahrheit die Frage aufbrechen:* Warum ist das so? Was zwingt uns Menschen in unser Ich hinein?

Man kann jahrelang dieser bitteren Frage ausweichen, aber

sie wird uns nachlaufen wie ein Hund seinem Herrn. Wir können diese Frage jahrelang unterdrücken, aber sie wird sich aufbäumen, denn diese Frage ist da. Wir können sogar ein ganzes Leben in Lärm und Arbeit und Vergnügen zubringen, aber in den Nächten, die wir dann fürchten und in denen wir nicht mehr schlafen können, da meldet sich diese Frage: Warum bin ich so an mich gebunden? Warum muß ich mich stets als Mittelpunkt erfahren? Warum kann ich dieser eisigen Umklammerung nicht entgehen?

Es ist leicht, über den Egoismus herzuziehen, aber es ist viel schwerer, ihn als Schicksal anzunehmen. Es ist leicht, dem anderen vorzuwerfen, daß er uns nicht versteht, aber wir sind wahrhaftiger, wenn wir einsehen, daß der andere uns so ohne weiteres gar nicht verstehen kann. Wir prügeln auf Worte los, wie »Selbstverliebtheit« und »Selbstbezogenheit« und »Selbstgerechtigkeit«, aber wir sollten vielmehr begreifen, daß der Mensch, wenn er nicht von einem anderen Du wirklich geliebt wird, sich selbst lieben muß.

Und wir sollten erkennen, daß uns doch gar nichts anderes bleibt, als sich auf sein Selbst zu beziehen! Und ist denn einer unter uns, der dann, wenn ihn in seiner Schuld keiner mehr gerechtspricht, sich nicht selber gerechtsprechen würde? Gewiß, nie glauben wir uns weniger als in dem Augenblick, wo wir uns selber gerechtsprechen müssen, aber kann man denn leben, indem man sich ins Unrecht gestoßen weiß?

So macht jeder tausendfach durch, was es heißt, an sich gebunden zu sein, und unsere Sprache zeigt an, was wir im Inneren erleiden. Und die Gebundenheit des Menschen an sich selbst ist Leid, und dieses Leid muß sich im Leben eines Menschen zu der Frage umsetzen: Was ist das, was uns so an uns bindet? Ist das Schicksal? Unabänderlich, naturhaft mitgegeben, allezeit versklavend? Ist dieser Widerspruch auf uns gelegt, ohne daß wir ihn je ändern könnten?

Der Mensch kann dieser Frage nie entrinnen, weil er sie nicht gemacht hat. Sie ist über ihn verfügt, sie macht ihn, sie hält ihn in Spannung und in Unruhe, bis er ihr nachgeht.

Das ist wie beim Zahnweh:

Erst ist der Schmerz ganz gering, man merkt ihn kaum. Dann wird er stärker, und man nimmt etwas »dagegen« ein. Man kann sich sogar damit abfinden und darüber reden, wie man mit Tabletten dagegen angeht. Man kann sich mit Zahnschmerzen abfinden. Aber zur Ruhe kommt man nicht. Es wird die verborgene Entzündung sein, die den Menschen in Bewegung hält, und weil sie ja ständig an Entzündungskraft zunimmt, wird auch die Unruhe größer werden, bis der Mensch endlich nachgibt, nach dem Grund der Schmerzen fragt und einer wirklichen Heilung zustimmt.

Genauso ist es mit der Unruhe, die aus der ungelösten Spannung unserer Einsamkeit aufsteigt und unser ganzes Leben bestimmen will. Alle unsere Ausflüchte, unsere Reisen, unsere Aktivitäten, unser Erfolgsdrang, unsere Sucht nach Abwechslung und Zerstreuung, unsere heimlichen Ängste und Depressionen, das alles sind Umsetzungen dieser ungelösten Frage der Ichbeziehung. Unsere Unruhe und unsere Sehnsüchte haben immer Gründe.

Und jetzt muß es gesagt werden:

Diese Frage hat religiösen Charakter, d. h. sie weist über uns

23

und unser Wollen hinaus. Wir werden mit dieser Frage, die in unserem eigensten Leben entsteht, dennoch an unsere Grenze geführt.

Damit kommen wir zum unbequemsten Teil unseres offenen Wortes, zu der Frage nach dem Hintergrund unserer Einsamkeit.

II. Der Hintergrund der Einsamkeit

Wir stehen an der wichtigsten Stelle, von der alles überschaut und einsichtig gemacht werden kann.

Der eigentliche Grund unserer Einsamkeit und unseres ganzen Ichbezuges, unserer unendlichen Mißverständnisse und Egoismen liegt wesentlich nicht im Menschen, nicht in seiner Psyche, nicht in seinem Geist oder in seinem Leib, sondern im Gottesverhältnis.

A. Das Gottesverhältnis

Nun müssen wir daran denken, daß das *Gottesverhältnis immer zwei Seiten hat:*

Der Mensch hat von sich aus ein Verhältnis zu Gott. Das ist die menschliche Seite des Gottesverhältnisses. Auf dieser Seite sind wir die Handelnden, die Denkenden und die Glaubenden. Und wie wir alle wissen, ist unser Verhältnis zu Gott genauso wankelmütig, wie wir selber sind, es ist von viel Menschlichkeit durchzogen.

Die andere Seite des Gottesverhältnisses ist das Verhältnis Gottes zu uns. Dieses Verhältnis ist so, wie Gott selber ist: treu, zuverlässig und ohne Wenn und Aber. Was ER sagt, das tritt ein, was ER will, das setzt ER durch. Wenn ER sagt »Frieden!«, dann ist Frieden. Und wenn ER sagt »Krieg!«, dann ist Krieg. Und keine Macht der Welt dreht an Seinen Entschlüssen oder Seinem Wollen.

Wir werden also bei der Bedeutung des Wortes »Gottesverhältnis« gut daran tun, zuerst Auskunft einzuholen, welche
Seite gemeint ist. Und wir werden eine Entscheidung fällen
müssen: Wer wissen will, wie er mit Gott dran ist, der sehe
nicht auf das menschliche Verhältnis zu Gott, sondern der sehe vor allem und immer wieder auf das Verhältnis Gottes zu
uns! Meint Gott Frieden oder Krieg?

Anders formuliert: Es ist nicht die wichtigste Nachricht zu
hören, wie wir Menschen, wie die Geschichte, das Vergängliche, das Relative zu Gott stehen, sondern es ist viel wesentli-
cher, zu hören und zu wissen, wie der ewige Gott zur Geschichte, zu dem Vergänglichen und zu uns Menschen steht.
Erst in dieser Zuordnung bekommen wir die richtige Sicht.

Wir fragten uns nach dem Grund der menschlichen Einsamkeit und haben gesagt, daß der tiefste Grund der Einsamkeit
im Gottesverhältnis zu sehen und zu suchen ist. Die Frage
heißt jetzt nicht, ob uns Menschen das einleuchtet oder nicht,
sondern die Frage heißt, ob das wahr ist oder nicht. Und *das
große Problem*, das nun mit einem Schlage deutlich wird,
heißt:

B. Wer bin ich?

Von woher weiß der Mensch, wie er mit sich selber dran ist?
Und wo ist der Standort, wo ihm deutlich gemacht werden
kann, wie er mit der ewigen Welt, d.h. mit Gott dran ist?
Wer kann uns diese beiden wahrhaft entscheidenden Fragen
beantworten?

Die Antwort lautet: Das muß der ewige Gott selber sagen

und deutlich machen. Wir nennen das »Offenbarung«. Wir sind alle darauf angewiesen, daß Gott offenbart, wer wir sind und wer wir nicht sind. Wir müssen warten, bis ER uns deutlich macht, wer der Mensch ist und wer er nicht ist. Wir wissen von uns aus nicht, woher wir kommen und wohin wir gehen. Das muß ER selber offenbaren. Wir haben keinen Einblick in die Welt des ewigen Gottes, und alle unsere Spekulationen reichen nicht aus, das herauszufinden. Wenn wir Gewißheit haben wollen über den ewigen Gott, dann muß ER sich selber deutlich machen.

Wenn wir nun wissen wollen, was es zutiefst mit der Einsamkeit auf sich hat und welches der Hintergrund all unserer Selbstbezüge ist, dann muß Gott uns das sagen. Wer darauf nicht warten kann und warten will, der muß eben seine eigene Meinung zum besten geben.

Und genau das ist mir zu wenig. Ich will keine Meinungen über Gott und die Welt, sondern was wir brauchen, ist eine Wahrheit, die heute und morgen und in der Stunde des Todes immer noch wahr und zuverlässig ist. Und wenn wir Klarheit haben wollen, was der Hintergrund unserer Einsamkeit und unseres Selbstbezuges ist, dann können wir es uns nicht leisten, mit einigen Meinungen durch das Leben zu gehen. Dazu ist das Leben zu kostbar. Wir müssen wissen, wie wir in Wahrheit mit unserem Leben dran sind.

Darum müssen wir fragen:

Woher weiß ich in Wahrheit, was mit dem Menschen los ist? Und wo offenbart sich der lebendige Gott den Menschen?

Die Antwort heißt:

Gott offenbart sich den Menschen in der Person Jesu von Nazareth, der der Christus, d. h. der Gesalbte, der von Gott Beauftragte ist!

Hier, in und durch Jesus Christus wird deutlich, wer der Mensch ist. Hier kann der Mensch erfahren, welches seine Hintergründe und seine eigentlichen Nöte sind! Nicht die Psychologie offenbart das tiefste Wesen des Menschen, sondern Jesus Christus. Nicht die Pädagogik weiß, wohin man den Menschen erziehen muß, sondern das offenbart letztlich Jesus Christus.

Und es ist nicht der Philosoph, der Auskunft geben kann über das Wesen Gottes, sondern der ewige Gott hat sich vorbehalten, an einer Stelle zu sagen, wer ER wirklich ist: Er tut es durch den Mund und das Leben Jesu! Und nicht wir Menschen haben eine Ahnung, was Gott will und was ER nicht will, sondern wir bekommen durch Jesus Christus die Gewißheit, welches der gute und gnädige Wille Gottes ist.

Natürlich stößt es auf Kritik, daß ausgerechnet hier deutlich gemacht werden soll, was mit dem Menschen, mit der Welt und mit den Hintergründen unseres Lebens ist. Wir wollen gerne bestimmte Wissensgebiete heranholen, die uns Erklärungen liefern sollen. Es bleibt dabei: Wir haben nur Meinungen und Ansichten, aber das Wirklichkeitsverständnis kommt allein aus der Offenbarung. Welches Verhältnis Gott zu uns hat, das muß ER selber offenbaren. Und welches Verhältnis von uns zu Gott überhaupt richtig ist, das muß ER ebenfalls deutlich machen.

So wollen wir jetzt hören, was Gott in Seinem Wort über den *Hintergrund der menschlichen Einsamkeit offenbart.* Wir lesen dazu einen Abschnitt aus dem Römerbrief, Kapitel 1, Verse 23. 24. 28:

> »Sie (die Menschen) haben die Herrlichkeit des unvergänglichen Gottes verwandelt in das Bild des vergänglichen Menschen, der Vögel und der vierfüßigen Tiere.
>
> *Darum* hat Gott sie *dahingegeben* in ihrer Herzen Gelüste, in Uneinigkeit, zu schänden ihre eigenen Leiber an *sich selbst...* gleichwie sie nicht geachtet haben, daß sie Gott erkenneten, hat sie Gott auch dahingegeben in verkehrten Sinn, zu tun, was nicht taugt...«

Hier wird eine Aussage über den Menschen gemacht, wie sie vernichtender und verletzender nicht gemacht werden kann. Man muß sich das genau ansehen und hinhören, was hier deutlich gemacht werden soll.

Paulus hatte keine allgemeinen Ansichten über den Menschen, die ihn zu dieser Aussage getrieben haben. Nein, er war vor den Toren von Damaskus dem auferstandenen Herrn Jesus Christus begegnet. Und diese Begegnung hat ihm die Augen über diese Welt und über das Geheimnis des Menschen geöffnet. Nicht ein langes Nachdenken über Gott und die Welt waren der Anlaß der paulinischen Theologie, sondern der Zusammenstoß mit dem Sohn Gottes. Das muß man überhaupt erst zur Kenntnis nehmen, bevor man weiterliest, was Paulus zu sagen hat.

Wir wollen dieser Aussage des Paulus nachgehen und sie auf dem Hintergrund der beiden Seiten des Gottesverhältnisses bedenken.

C. Die Ursünde

In der Begegnung mit Jesus Christus konnte und mußte Paulus diese Welt neu begreifen und deuten. Und darum ist unser Abschnitt so aufregend, weil hier der Apostel eine Aussage über den Menschen und über Gott macht, die man eben nur machen kann, wenn man in den »Hintergrund aller Dinge« geschaut hat.

Paulus zeichnet mit kurzen, kräftigen Strichen das Bild vom Menschen. Er öffnet die Augen für das Wesentliche. Er macht deutlich, was den Menschen bestimmt und treibt. Wir erkennen uns alle darin wieder: Der Mensch erwartet das Leben vom Geschöpf und nicht vom Schöpfer. Er will die Erfüllung seines Lebens in den Dingen, die alle der Zeit unterliegen und darum sterblich sind. Und indem der Mensch in den vergänglichen und sterblichen Dingen die Lebenserfüllung und Lebensvertiefung erwartet, scheitert er an seinem Leben. Hier wird das Wesen der Sünde deutlich: Es geht nicht in erster Linie um die berüchtigten unanständigen Dinge, sondern um die völlige Verdrehung von »Geber und Gabe«.

Der Mensch will das Leben haben und wählt die Lust, den Erfolg, das Geld, den Wohlstand, die Ehre, das Denken, das Fühlen, die Kunst und vieles mehr. Mit den Dingen, die in dieser Welt vorkommen und in dieser Welt gemacht werden können, will der Mensch »eins sein«, damit will er Gemeinschaft haben. Und der ständige Satz des Menschen angesichts der tausend Dinge, die es in dieser Welt tatsächlich gibt, heißt: »Wenn ich *das* habe, dann . . .«, und glaubt fest, daß in der Einheit mit *diesem*, was er ganz konkret erwartet hat, das Leben reicher würde.

Der Betrug aber liegt darin, daß diese Dinge nicht »sind«, sondern kommen und gehen. Das einzige, was die Dinge auszeichnet, ist die Vergänglichkeit. Die Dinge rutschen dem Menschen »durch« die Hände, »durch« den Geist und »durch« den Leib und »durch« die Seele. Sie haben keine letzte Gültigkeit. Sie bleiben nicht. Darum ist der Mensch der Betrogene. Er hat etwas von den Dingen erwartet, was ihm die Dinge aufgrund der Vergänglichkeitsqualität einfach nicht geben können. Das heißt:

1. Der Mensch ist auf die Beziehungen zu dem ewigen Gott angelegt, und wenn er sich mit weniger zufrieden gibt, dann hat er sich »unter Preis« verkauft! Das höchste Ziel, das dem Menschen gesetzt ist, ist auch sein einziges: Er soll die Einheit mit Gott haben. Er soll in Seiner Wahrheit leben! Genau dies unterläuft der Mensch und gibt sich mit etwas völlig anderem zufrieden. Sein höchstes Ziel wird die Lust und die Freude an den Dingen. Daran muß der Mensch verarmen und zerbrechen. Und

2. muß diese Welt etwas leisten, was sie nie und nimmer zu leisten imstande ist. Sie muß den Menschen in seinem Ziel nach Gott, das tatsächlich in ihn hineingelegt ist, mittels der Natur befriedigen. Damit hat der Mensch den schrecklichsten und zugleich dümmsten Fehler gemacht, den er machen konnte. Er will etwas von dieser Welt haben, was sie ihm nicht geben kann; er verlangt von der Welt Bleibendes. Aber Raum und Zeit können ihm *nur* Vergängliches liefern. Somit hat der Mensch sich der Welt gegenüber völlig falsch verhalten. Denn diese vergängliche Welt kann ihm mit bestem Willen niemals die Qualität des Ewigen liefern.

Wir überfordern den Menschen, den Mann, die Frau, die

Ehe, die Liebe, die Sexualität, den Wohlstand, die Natur, den Urlaub, das Essen und Trinken, den Erfolg, den Pastor, die Kirche, die Musik, usw. usw. Überall erwarten wir etwas Gültiges, aber in allem begegnen wir nur Vergänglichem. Und auch die ständige Steigerung des Vergänglichen bringt uns nie und nimmer die Qualität des Ewigen.

Aber wir wollen und können nicht mehr anders. Wir haben die Geschöpflichkeit vergottet. Die Gabe ist verabsolutiert. Der Beruf ist unser ein und alles. Das Geld darf nicht weniger werden. Die Liebe muß ausgelebt werden. Die Sexualität ist die entscheidende Kraft, auf die keiner verzichten will. Die Ehre vor Menschen ist der höchste Garant. Der Erfolg und der Applaus sind so wichtig. Und immer und überall gilt das, was nützt. Und das, was nützt, das bestimmt die Welt. Die Geschichte in all ihren Bezügen ist Subjekt, bestimmend, fordernd und letztlich verpflichtend.

So sind wir dem Erfolg und dem Gerede der Leute verpflichtet. Wir folgen dem Geist der Zeit und machen jede Mode mit. Wir argumentieren wie alle Menschen, wenn es um das Recht auf Leben und Arbeit und Glück geht. Und von Gott reden wir nur insoweit, als er uns in unserer Verherrlichung der Schöpfung nicht dazwischenredet. So muß Gott alles segnen und bestätigen, was wir in unseren Plänen und Wünschen und Programmen beschlossen haben. Und wir beschließen immer dasselbe:

Zuerst die Schöpfung! Zuerst das Recht auf Leben! Zuerst unser Vergnügen! Zuerst unseren Erfolg! Zuerst unsere Ehre! Zuerst unsere Befriedigung! Und wenn dies alles geklärt ist, dann ... ja was dann? Bert Brecht sagt dies einfach und deutlich: »Erst kommt das Fressen und dann die Moral!« So ist es. Und prüfen wir uns selber: Auf was könnten wir denn wirklich verzichten? Wer würde nicht aufschreien, wenn ihm etwas Liebgewordenes in der Schöpfung genommen würde? Z. B. den Geliebten oder die Geliebte? Das Kind? Der Beruf? Der gute Ruf? Das Geld? Die Wohnung? Das Auto? Was für einen Krach können Autofahrer wegen eines Kratzers am Kotflügel machen? Wie völlig vernarrt und verliebt sind wir doch in die sichtbaren und machbaren Dinge dieser Welt. Wir hängen mehr daran, als wir alle wissen.

Und das stimmt natürlich auch für die Bindung an den Menschen. Wir suchen den unmittelbaren Anschluß an den anderen. Wir suchen die Verschmelzung mit dem Du. Wir geben alles mögliche, um mit dem anderen eins zu werden. Wir beteuern unsere Liebe, wir machen Geschenke, wir versuchen durch Suggestion zu beeinflussen, wir verlangen nach Hörigkeit des anderen. Alles dient dem einen Ziel: Der andere soll mit uns eins werden. Unmittelbar.

Und wieder geschieht, was Paulus schreibt: Die Herrlichkeit Gottes wird nicht mehr gesucht, sondern die Herrlichkeit und die Schönheit des vergänglichen Menschen.

Dies ist die menschliche Seite des Gottesverhältnisses. Wir dürfen aber dabei nicht stehenbleiben. Paulus offenbart nun die andere Seite, die zum Bestürzendsten gehört, was je über uns Menschen geschrieben wurde.

D. Was sagt Gott dazu?

Unsere Sünde ist schlimm genug. Darüber kann man jammern und nachdenken. Aber was jetzt folgt, ist wie ein Donnerschlag:

33

Erst wollte der Mensch das Vergängliche, nun hat Gott ihn daran gebunden! Hier liegt die unheimlichste aller Aussagen, die jemals in der Weltgeschichte über uns Menschen gemacht wurde. Es ist schon verständlich, daß die Humanisten und Idealisten diese Aussage einfach nicht haben ertragen können. Und ich begreife schon, warum ungezählte Christen lieber in einen geräuschvollen Aktivismus einsteigen, als dieser entsetzlichen Wahrheit standzuhalten. Und vergessen wir es nicht: Paulus hat diese Wahrheit nicht durch eigenes Nachdenken gefunden, sondern durch die umstürzende Begegnung mit dem Herrn, der für die Sünde der Welt am Kreuz gestorben ist. In dieser Begegnung ist dem Paulus deutlich geworden, wie furchtbar der Mensch in seinem Sündigen gestraft wurde.

Zuerst wollte der Mensch die Schöpfung verherrlichen, nun muß er sie anbeten, nun muß er den -ismen und den großen Führern folgen.

Zuerst wollte der Mensch die Lust, nun muß er die Lust genießen, wieder und wieder und immer wieder von neuem, bis er daran zerbricht!

Zuerst wollte der Mensch seinen Erfolg, nun muß er seiner Arbeit dienen und ist versklavt bis zum Herzinfarkt. Er kann einfach nicht mehr aussteigen und zur Ruhe kommen.

Zuerst wollte der Mensch die materiellen Werte in seinen Händen halten, nun muß er dem Geld nachlaufen und arbeiten und arbeiten, nun muß er nachts aufschrecken, wenn er davon träumt, daß er morgen vielleicht weniger verdient, nun muß er ständig davon reden und sich und alle Welt mit diesem nie endenwollenden Thema belasten.

Zuerst wollte er einen anderen Menschen in seine Gewalt bekommen, nun muß er ständig nehmen und nehmen und hat eine Todesangst, man könnte ihm das Liebste nehmen; nun muß er mit unbändiger Leidenschaft halten, was ihm in die Hände kommt. Alle Gier und Geilheit hat hier ihre tiefste und letzte Deutung.

Zuerst wollten wir über andere Menschen verfügen und sie aus unserem Lebenskreis verbannen, nun müssen wir jedem mißtrauen, der uns zu nahe kommt.

Zuerst wollten wir im Mittelpunkt stehen, nun müssen wir ständig alles auf uns beziehen. Zuerst wollten wir den Applaus der Menschen, nun müssen wir nach Applaus haschen bis zur Widerlichkeit.

Zuerst wollten wir uns selber lieben, nun müssen wir uns selber lieben, nun müssen wir die Liebe zu uns immer und überall verabsolutieren. Nichts darf mehr so geliebt werden wie unser eigenes Ich. Nichts wird so zur Mitte gemacht wie unser kleines bißchen Leben. Wir wollten auf die Liebe zu Gott verzichten, nun müssen wir uns selber vergotten! Der einzige Bezug, der noch gelingt, ist der Selbstbezug.

Darum hat Gott sie auch dahingegeben! An dieser Wahrheit hängt alles! Subjekt ist Gott! Die Ewigkeit hat sich zu Wort gemeldet. Weniger ist nicht geschehen. Das ist, als wenn ein Kind das Licht des Vaters nicht will, und der Vater gibt dem Kind seinen Willen und schaltet das Licht im ganzen Hause aus, und es ist Nacht!

Gott hat den Menschen weggegeben! Hineingezwungen in seine selbst gewählte Ordnung! Der Mensch wollte die Ordnung von Geber und Gabe neu regeln. Er wollte die Gabe nach vorne ziehen, und danach sollte Gott kommen.

Das alles ist in dem einen Satz ausgesagt: »Und Gott hat sie dahingegeben!« An dieser unheimlichen Wahrheit entscheidet sich alles. Der Mensch wollte Gott nicht Gott sein lassen, er wollte die Welt vergöttern. Daraufhin hat Gott gehandelt. Er gibt den Menschen an die ganze Gottlosigkeit ab. Er sagt: Du Mensch willst mich nicht, nun sollst du deinen Willen haben, lebe ohne mich! Und der Mensch, der von Gott weggegangen ist, *muß* nun immer weitergehen, muß immer tiefer fallen, muß immer mehr an sich verzweifeln.

So muß der Mensch seinen eigenen Willen tun, weil Gott ihn dahingegeben hat. Nun muß der Mensch in seiner Gier leben, weil Gott ihn dahinein entlassen hat.

Ich habe meine Stellung zu Gott verkehrt, nun muß ich diese Verkehrtheit auskosten bis zur bitteren Neige. Ich möchte los von der Sünde, aber sie hält mich fest, weil Gott mich in sie entlassen hat. Ich wollte nicht, daß Gott über mich herrsche, daß die Wahrheit Raum gewönne, nun muß ich ertragen, daß die Sünde aufsteht und mit letzter Unerbittlichkeit regiert. Ich wollte die Gabe, nun muß ich sie nehmen und erschrecke, wie alle Gaben verwelken und verdorren, und keine hat gehalten, was die Sünde mir versprochen hat. Und wollte ich mich von der Sünde trennen und die Gabe opfern, dann wird die Sünde über meine Harmlosigkeit lachen, und die Gabe wird sich fest an mich schmiegen, denn Gott ist es, der mich an die Gabe gebunden und der Gabe befohlen hat, daß sie mein ein und alles zu bleiben hat.

Die Strafe der Sünde besteht darin, daß Gott mich an sie ausgeliefert hat. Nun muß ich mit ihr leben, »und die Augen werden einem aufgetan!« Nun muß man sehen, mit wem man es zu tun hat: Der Feind des Lebens tritt auf. Er spricht nicht mehr mit uns, er kommandiert uns. Und obwohl wir ahnen und wissen, wer uns nun treibt, versuchen wir alles zu verharmlosen. Aber ganz tief in unserem Herzen wissen wir genau: Das Leben ist vertan, verkauft und für immer dahin.

Wir wissen es genau, daß wir auf tausend Fragen nicht eins antworten können, denn wir sind dahingegeben. Wir wissen es längst, dies muß der Zorn Gottes sein: Erst wollten wir den heiligen, ewigen Gott nicht, nun hat ER beschlossen, daß wir IHN nicht mehr haben sollten. Er zwingt uns die Gabe auf, bis sie verbraucht ist und sich verzehrt hat. Und dann verarmen wir an uns selbst, weil die Gabe zu wenig, zu klein und zu dürr war.

Und wenn wir am Abend unseres Lebens alle Weiten des Geistes durchschritten und alle Abgründe durchlitten haben, dann werden wir gestehen, was auch Nietzsche sagen mußte:

> Die Welt ein Tor zu tausend Wüsten, stumm und kalt!
> Wer das verloren, was ich verlor, macht niemals Halt.
> Ich bin zur Wüstenwanderschaft verflucht,
> dem Vogel gleich, der stets nach kälterem Himmel sucht.
> Weh dem, der keine Heimat hat!

So wird man uns fragen: »Hat sich dein Leben gelohnt?« Und wir werden auf unsere Erfolge zeigen und können ihnen doch nicht glauben. Wir werden auf unser Glück verweisen und haben es doch nie gehabt. Wir werden sagen, daß wir für andere dagewesen seien, und müssen dennoch eingestehen, daß die anderen um unseretwillen dasein mußten. So werden wir, wenn keine Ausrede mehr gilt und keine eigene Stütze mehr hält, sagen müssen: Wir waren dahingegeben an unseres Herzens Gelüste. Der Zorn Gottes war und ist wirklicher, als wir wahrhaben wollten, und der Feind, der Betrüger von Anfang an, ist furchtbarer und listiger, als wir in unserer Harmlosigkeit je annehmen konnten.

Und wenn man uns fragen wird, ob wir das Leben reichlich genossen haben, dann werden wir, wenn wir ehrlich geworden sind, bekennen müssen: Es war niemand da, der uns das Leben geben konnte, denn wir waren dahingegeben, etwas Leben zu nehmen, was niemals das Wort Leben verdiente.

E. Die Situation des Menschen

Gott hat den Menschen von sich getrennt. Und seitdem der Mensch nicht mehr das Du Gottes hatte, da mußte er »zu sich selber« kommen. Dies muß der Mensch nun erleiden, er ist von Gott dahinein gegeben, und niemand kann das ändern. Wir sind auf uns selbst zurückgestoßen, »dahingegeben«!

Ernster kann man über unsere Einsamkeit nicht mehr reden. Und wer anders über sie redet, der hat die Einsamkeit des Menschen noch gar nicht ernst genommen. So verstehen wir nun diesen Satz: Der Hintergrund der Einsamkeit ist mein Verhältnis zu Gott und dann das Verhältnis Gottes zu mir.

So kommen Schuld und Schicksal in der Einsamkeit zusammen. Und jetzt stehen wir vor der Frage:

Sind wir noch willens und bereit, dieses Wort der Wahrheit über unsere Einsamkeit zu hören? Können wir mit dieser ernsten Wahrheit noch in die Stille gehen und unser Leben von daher betrachten und befragen?

Wer es wagt, in diesem Licht sein Leben zu betrachten, der wird nüchterner über sich und andere nachdenken, und der wird den aufgeregten Hilfswissenschaftlern, die immer meinen, jetzt, mit dieser neuen Wissenschaft sei die Hilfe angebrochen, um den Menschen in seiner Einsamkeit zu helfen, nicht mehr so behende nachlaufen.

Wer sich im Lichte der Offenbarung Gottes sieht, der weiß auch, daß mit einigen Erziehungskunststückchen nichts zu machen ist, und daß weder diese noch jene Pädagogik den Menschen vom Zorn Gottes befreien wird.

Wenn wir das Wort der Offenbarung an uns herankommen lassen, dann werden wir bescheidener und demütiger. Und wir werden plötzlich inmitten unserer wahrhaft verfluchten Einsamkeit das Gebet des Erzvaters Jakob mitsprechen können:

»Herr, ich warte auf dein Heil!« (1. Mose 49, 18).

Wir begreifen nun, daß Menschen nicht mehr zu helfen vermögen. Selbstbeherrschung schafft den Zorn Gottes nicht weg. Es gibt eine göttliche Logik, die jetzt sehr einsichtig ist:

Wenn Gott zu uns gesagt hat »Nein!«, dann kann auch nur ER selber dieses »Nein!« in ein »Ja!« verwandeln. Und genau hier liegt die Chance, aus unserem versklavten Ichbezug herauszukommen.

III. Die Überwindung der Einsamkeit

A. Das Geheimnis des Evangeliums

Evangelium heißt Frohe Botschaft! Diese Frohe Botschaft ist keine Neuauflage des mosaischen Gesetzes. Hier wird nicht noch einmal gesagt, was wir nun dürfen und was nicht. Im Evangelium geht es um etwas ganz anderes. Hier bahnt sich eine Mitteilung aus der ewigen Welt ihren Weg in Raum und Zeit, und die Botschaft heißt:

Der lebendige Gott hat Seinen Zorn aufgehoben. Der Mensch ist nicht mehr an sich und seine Sünde hingegeben, nein, Gott hat ein einziges Wort gesprochen, und in diesem Wort hat ER den Menschen, der »dahingegeben« war, wieder »angenommen«. Dieses Wort, das Gott gegen Seinen eigenen Zorn gesprochen hat, heißt Jesus Christus!

Hier liegt das Geheimnis des Kommens Jesu. Es geht nicht um ein paar fromme Redensarten über Gott und die Welt. Die Evangelien berichten auch nicht von einigen humanistischen Aktionen, die Jesus in Gang gesetzt hätte. Das ist doch alles nicht wahr! Wer die Mitte und die Größe des Evangeliums hören will, der muß diesen Satz zur Kenntnis nehmen:

Der ewige Gott schafft sich in dem Menschen Jesus von Nazareth einen Zugang zu uns Menschen, damit wir in Jesus einen Zugang zu der Wirklichkeit des lebendigen Gottes bekommen!

So bricht Gott das Gefängnis der menschlichen Ichbezogenheit und der Einsamkeit auf. So und nicht anders. In dem Sterben Jesu wird der Durchbruch zur Ewigkeit geschlagen, und in der leiblichen Auferstehung wird dem Menschen der Weg zu der Welt Gottes ein für alle Male freigemacht.

Darum können wir diese Wahrheit auch so aussagen: Jesus von Nazareth ist die einzig gewisse Stelle, wo der lebendige Gott »Ja« zum Menschen sagt, und wo der Mensch aus seiner Enge aufbrechen kann, um die Einswerdung mit dem ewigen Du Gottes zu erfahren! Ich wiederhole: Hier, in der Person des gekreuzigten und gegenwärtigen Herrn, wird der Mensch frei gemacht von seiner Ichbezogenheit, hier bekommt er die Gemeinschaft, die nie mehr enden soll und enden wird.

Der Zorn Gottes wird nicht von uns Menschen wegdiskutiert, und darum kann auch unsere Einsamkeit nicht weggeredet werden. *Der Zorn Gottes wird durch Jesus durchgelitten*, und so bekommen wir Zugang zu der Macht der ewigen Welt. Um diese Wahrheit geht es. Wer weniger sagt, der unterschlägt die Frohe Botschaft. Und mehr kann man nicht sagen, als diese Wahrheit:

»Also hat Gott die Welt geliebt . . ., auf daß alle, die an Ihn glauben, nicht verloren werden, sondern das ewige Leben haben!« (Joh. 3, 16).

Gestatten Sie mir ein einfaches, aber eindrückliches Bild: Ich war in einem Haus, wo zwischen Küche und Eßzimmer eine »Durchreiche« offen war, durch die die Hausfrau all die Köstlichkeiten »hindurchreichte«. Da mußte ich denken: So ist das mit unserem Herrn Jesus Christus: Er ist die »Durchreiche« Gottes. Hier bringt der lebendige Gott eine ewigkeitliche Lebensqualität in die Welt hinein:

Gott ist im Fleische:
Wer kann dies Geheimnis verstehen?
Hier ist die Pforte des Lebens nun offen zu sehen.
Gehet hinein, eins mit dem Kinde zu sein,
die ihr zum Vater wollt gehen.

Wir wollen diesem Geheimnis nachgehen, denn nur von diesem Geheimnis her wird deutlich, warum es in dieser Welt nur an einer Stelle wirklich Aus- und Aufbruch aus der Einsamkeit geben kann.

Sehen Sie, es ist ja nicht nur so, daß Gott Mensch wurde – das ganz gewiß, und ohne diese Wahrheit stimmte die nächste Aussage nicht! – sondern wir müssen begreifen lernen, daß Gott auch »Fleisch« wurde und daß Jesus »uns zur Sünde gemacht« wurde (s. Joh. 1, 14; 2. Kor. 5, 21). Und mit diesen Aussagen stehen wir wirklich an der Tiefe des Geheimnisses, das uns im Evangelium begegnet. Und wo dieses Geheimnis einen Menschen nicht erreicht, da frage ich ernstlich, ob der Mensch überhaupt vom Evangelium erreicht wurde? Aber was bedeutet das nun? Darüber lassen Sie uns etwas still werden und nachdenken:

Hätten wir einen Herrn, der vor uns stünde, um uns zu sagen, was wir alles falsch gemacht hätten, und was wir nun richtig zu machen hätten, dann frage ich: »Was soll das?« Was hilft ein Gott, der uns unsere Fehler vorhält und uns sagt, wie wir besser zu leben haben? Uns Menschen ist elend genug, da brauchen wir keinen Gott mehr, der unser Elend vergrößert. Und wenn Gott am Himmel oder in dieser Welt erscheinen würde, um mir zu sagen, wie schlecht und verkehrt ich sei, dann würde ich in bitterster Verzweiflung sagen:

»Ja, Gott, Du hast recht, ich bin unmöglich und schaffe auch keine Minute, ohne daß mein Wesen mich ängstet und verklagt. Und Du Gott hast recht, wenn wir auf tausend Fragen nicht eine Antwort geben können.« Aber dann würde ich auch sagen:

»Du, Gott, weißt Du eigentlich, wie uns zumute ist? Weißt Du, was das heißt, von der Gier und der Lust umgetrieben zu sein? Weißt Du, was uns Menschen passiert, wenn die Lüge und der Neid uns heimsuchen und uns zu gemeinen Kreaturen machen können? Weißt Du, wie das ist, um sein bißchen Leben bangen und um ein paar Vorteile zum Verräter werden können? Weißt Du, wie einem Kranken zumute ist, der einfach nicht mehr leben kann und will und sich einen Selbstmord lang und genau überlegt? Nein, Gott, Du bist ja kein Mensch, Du bist kein Sünder, Dich hat die Gier nie getrieben, und die Todesangst saß Dir nie im Nacken! Nein, Gott, Du wohnst in einem Licht, da niemand an Dich herankommt, und Du kommst ja auch nicht aus Deinem Licht heraus, um unsere Nacht zu erleben. Und darum, Du ferner, erhabener, Heiliger Gott, darum können wir nicht mehr an Dich glauben, und darum will ich auch nicht mehr an Dich glauben!

Das würde ich sagen. Denn was soll ein Gott, der so unendlich weit weg ist von meinem Leben, daß ich nur zitternd an Ihn denken darf? Was soll eine Frömmigkeit, die mir nur bescheinigt, wie unmöglich ich bin, und wie ganz anders und heilig und rein und unnahbar Gott ist?

Nein, ich sage es Ihnen offen und frei: Ich wäre nie Christ geworden, wenn man mir den Gott der Ferne und der unnahbaren Heiligkeit verkündet hätte. Ich hätte mein Leben keinem Gott gegeben, der mir immer nur Ziele steckt, die ich nie und nimmer erreichen kann. Und ich weiß, warum Tausende und Abertausende einfach keine Lust mehr an Kirche und Gott haben: Sie haben es satt, ständig besser sein zu müssen, als sie sind, und sie wollen es nicht mehr hören, was man alles tun müßte und nicht tun darf. Es ist wahr: Uns Menschen ist elend genug, da brauchen wir keinen Gott mehr, der uns unser Elend immer noch deutlicher macht. So ein Glaube macht die Einsamkeit noch größer und die Verzweiflung um so bitterer.

Ich will Ihnen sagen, warum ich Christ geworden bin und warum ich jahraus jahrein durch's Land ziehe, um zu predigen: Weil das Evangelium von einem Geheimnis weiß, von dem wir Menschen in unseren kühnsten Träumen nicht zu träumen wagen. Und hier ist das Geheimnis:

Der lebendige Gott, die ewige Kraft und Herrlichkeit, das Sein und der Grund aller Dinge, ER der Vater, ist ins »Fleisch« gekommen. Das heißt ER hat unser wirkliches Leben in seiner Hölle und in seiner Sehnsucht, in seinen Ängsten und in seiner Einsamkeit durchgemacht. ER hat am eigenen Leibe erfahren, was es heißt: Mensch zu sein, versucht zu werden mit allen teuflischen Versuchungen. ER hat den Hunger aller Hungernden erlitten, ER hat die Macht der Gier gespürt, die herankriecht, um einen Menschen für immer zu versklaven. ER hat es in Seiner Seele und in Seinem Geist erfahren, was es heißt, von dem Strudel des Erfolgs gepackt zu sein. Und ER hat es erfahren, wie die Schönheit und die Herrlichkeit aller Dinge das Herz erschüttern können. Ja, ER hat alles in tausendfachen Versuchungen erlitten, aber ER hat niemals einer Versuchung nachgegeben.

Ja, lassen Sie es mich noch anders sagen: ER ist nicht hoheitsvoll an unserem Elend und an unserer Dunkelheit vorübergegangen, wie einer, der sich nicht beschmutzen will, sondern ER hat nach dem Jammer der menschlichen Verirrungen und Verwirrungen gegriffen, damit keiner in seiner Verirrung zugrunde gehen muß. Und wenn hier jemand ist, der sich mit Dunkelheiten herumschlagen müßte, die ihn tief verletzt hätten oder die ihn immer wieder verletzen müssen, der nehme dieses Wort zu Herzen: »Das hat ER auch durchgemacht!«

Und wenn die Hölle uns verklagt, und es ist kein Ausweg mehr zu sehen, und wir verkrampfen uns mehr und mehr in unserem Ichbezug, dann laß es Dir sagen: Dies hat ER auch durchgemacht. Wenn dann am Abend unseres Lebens alle Einsamkeiten in unser Herz drängen wollen, und wir aufschreien möchten: »Wir sind verlassen und vergessen!«, dann sollst du daran denken: ER hat diese letzte Ferne auch am Kreuz durchgemacht, als ER schrie: »Mein Gott, Mein Gott, warum hast Du mich verlassen!«

Seht, das ist das Geheimnis des Evangeliums: Der ewige Gott, der wirlich in einem Licht wohnt, da niemand zu Ihm kommen kann, ER ist »Fleisch geworden«, er ist uns »zur Sünde gemacht«, ER hat unser Menschsein an Sich selber durchgemacht!

So muß das große Wort aus dem Hebräerbrief gehört werden:

> »Denn wir haben nicht einen Hohenpriester, der nicht könnte Mitleiden haben an unseren Schwachheiten, sondern der versucht ist allenthalben gleichwie wir, doch ohne Sünde ... (Hebr. 4, 15).

Daher mußte ER in allen Dingen Seinen Brüdern gleich werden, auf daß ER barmherzig würde und ein treuer Hoherpriester vor Gott zu versöhnen die Sünden des Volkes . . .« (Hebr. 2, 17).

So stehen wir auf dem Hügel Golgatha und sehen das Geheimnis Jesu: Hier stirbt ER als Sünder aller Sünder, obwohl ER niemals in eine Sünde eingewilligt hat! Hier wird der Sohn des Vaters vernichtet und unter dem Zorn gerichtet, obwohl ER gehorsam war bis zum Tode, ja zum Tode am Kreuz! Hier geht der Knecht Gottes in die bitterste Einsamkeit, damit wir einmal niemehr allein sein müssen.

Und wenn jemand unter uns zu diesem Kreuz sich naht und Ihm alle Tiefen und alles Grauen seines Herzens klagen will und muß, dann wird ER dir antworten:

»Ich habe dich gekannt, bevor du geboren warst. Ich habe dich längst erlitten und all dein Leben und dein Sündigen und dein Sterben durchgemacht! Und Ich habe den Zorn des Vaters getragen. Nun komm, du Mensch, du bist befreit zu einem neuen Leben!«

So muß nun in diesem Geheimnis diese daraus folgende Wahrheit erkannt und angenommen werden:

Weil in Jesus Christus der Zorn aufgehoben ist und in Ihm und durch Ihn der Mensch eins werden kann mit dem Vater, darum geht im Glauben an Jesus Christus die Einsamkeit des Menschen für immer zu Ende. Nun steht über den Menschen nicht mehr der Fluch des Zornes Gottes, sondern nun gilt die unanfechtbare Einladung Jesu, die in eine nie mehr endende Gemeinschaft mündet:

>Kommet her alle, die ihr mühselig und belastet seid,
Ich will euch erquicken!« (Matth. 11, 28).

Das ist die Botschaft des Evangeliums.

Diese Wahrheit ist nicht von Menschen erdacht oder er-
träumt. Dies muß genauso offenbart werden wie die dunkle
Geschichte mit dem Zorn Gottes. Darum kann Paulus von
dem Geheimnis des Kreuzes auch erst reden, nachdem er
dem auferstandenen Christus selber begegnet ist. Aber dann
kann und muß er sagen:

>Ist Gott für uns, wer mag wider uns sein? Welcher
auch Seines eigenen Sohnes nicht hat verschont, sondern hat Ihn für uns alle dahingegeben, wie sollte ER
uns mit Ihm nicht alles schenken?« (Röm. 8, 31. 32).

B. Die Überwindung des Selbstbezuges

Hier liegt die Überwindung des Zorns Gottes. Hier, im Opfertod Jesu. Darum können wir jetzt sagen: In Jesus Christus
liegt die Überwindung der Einsamkeit und die Loslösung
vom Selbstbezug.

Der Mensch muß von Selbstliebe sprechen, weil ihn sonst
keiner wirklich liebt. Wir können die Selbstliebe aufgeben,
denn nun werden wir wirklich geliebt.

Wenn ein Mensch es zuläßt, sich von diesem Jesus lieben zu
lassen, muß er sich nicht mehr in eine Selbstliebe hineinstei-
gern.

Wer keinen Herrn hat, der muß sich »selbst beherrschen«, wer aber diesem Herrn glaubt, der wird von Ihm beherrscht. Und nie ist der Mensch besser geborgen und versorgt, als wenn er IHM die Führung seines Lebens überläßt.

Wer keinen Frieden hat, der muß sich ständig selber Frieden schaffen und sich selber Ruhe zusprechen. Wer aber diesem Herrn glaubt, der kann mit Paulus sagen: »So haben wir Frieden mit Gott durch unseren Herrn Jesus Christus« (Röm. 5, 1). Das ist nicht der Friede, den wir Menschen mühselig durch mißverständliche Verhandlungen machen, sondern dieser Friede ist von Gott gewollt und auf Golgatha mit dem Blut Seines Sohnes bestätigt. Es ist ein ewiger Frieden.

Wer nichts von Vergebung weiß, der muß sich selber rechtfertigen. Und wir wissen es alle: Keiner unter uns kann es ertragen, daß man ihm die Schuld zuschiebt. Wir müssen sie dann wegräumen und anderen zuschieben. Und so wird seit Menschengedenken die Schuld von einem zum anderen geschoben. Adam schob sie Eva zu und Eva der Schlange, und wo man auch hinsieht, keiner will die Schuld auf sich laden, bis dann der Sohn Gottes kam. ER ging ans Kreuz wie ein Lamm und lud die Welt ein und sprach: Ich will's tragen. So können wir unsere Schuld nehmen und dürfen sie auf IHN schieben. Und dann erfahren wir das Geheimnis: Wir werden gerechtgesprochen. » . . . und werden ohne Verdienst gerecht aus Seiner Gnade durch die Erlösung, so durch Jesus Christus geschehen ist.« (Röm. 3, 24).

Wer nichts von den Leiden des Sohnes Gottes weiß, der muß um sich und an sich selber leiden. Selbstmitleid gehört mit zum Schrecklichsten, was ein Mensch erleben kann, denn hier verkrümmt sich der Mensch völlig in sich selbst und findet kaum noch aus sich heraus. Aber das muß uns wohl widerfahren, wenn keiner mit uns zu leiden bereit ist. Wer dem leidenden Sohn Gottes begegnet, der wird erfahren, daß ER gekommen ist, um in die Tiefe unseres Leids hinabzusteigen, um uns dort zu lieben, wo wir uns völlig verzweifelt aufgegeben haben.

So muß dieser Satz durchgehalten werden: In dem Opfertod Jesu und in Seiner leiblichen Auferstehung liegt die Überwindung des Selbstbezuges. Nicht ein Willensakt macht mich von mir selber frei, sondern der Erlösungsakt Christi schafft mir die Freiheit von mir selbst. Nicht ein menschliches und vergängliches Du kann mir mein Ich erfüllen, sondern allein das ewige und unvergängliche DU Christi kann eine ewige Gemeinschaft anbieten.

Dies ist das Evangelium von Jesus Christus. Wer weniger sagt, der betrügt die Menschen. Und mehr können wir nicht sagen als diesen Lobpreis:

> »Ich bin gewiß, daß weder Tod noch Leben, weder Engel noch Fürstentümer noch Gewalten, weder Gegenwärtiges noch Zukünftiges, weder Hohes noch Tiefes noch keine andere Kreatur mag uns scheiden von der Liebe Gottes, die in Jesus Christus ist, unserem Herrn!« (Röm. 8, 38. 39).

C. Die neue Lage

Jetzt muß keiner mehr einsam sein. Darum glaube ich einem Hermann Hesse nicht mehr. Leben muß nicht mehr einsam sein, wir müssen nicht mehr im Nebel wandern, und es muß nicht mehr so sein, daß einer den anderen nicht mehr sieht. Nein und tausendmal nein! Seit dem Kommen Jesu hat sich die Weltlage völlig verändert. Die Frage wird nur heißen, ob wir diese neue Lage zur Kenntnis nehmen wollen. Die Zeit ist vorbei, wor wir über Einsamkeit tiefsinnige Theorien entwickeln mußten. Es ist die Zeit gekommen, wo wir jedem einsamen Menschen sagen können: »Du mußt nicht einsam sein! Der Meister ist da und ruft dich!«

Es muß keiner unter uns an sich selbst verzweifeln, weil er keinen Ausweg mehr sieht. Wir haben das Recht, dies zu behaupten und zu sagen: »Wir haben einen Weg, nicht eine Theorie über einen Weg. Wir haben jemanden, der uns führt: Jesus Christus!«

Es ist einfach nicht mehr zeitgemäß, wenn Menschen an sich und ihren Nöten zerbrechen, es muß keiner an seiner Schuld und an seinem Jammer zugrunde gehen. ER ist hier gegenwärtig, der gesagt hat: »Wer zu Mir kommt, den werde Ich nicht hinausstoßen!« (Joh. 6, 37). Die Zeit der ewigen Vergebung ist angebrochen. Damit gilt es Ernst zu machen.

Und wenn wir einem Sterbenden begegnen, dann müssen wir nicht lügen und uns am Tode vorbeidrücken, als wüßten wir nicht, was dazu zu sagen wäre. Wir haben einen Herrn, der den Tod hinter Sich hat und der uns zusagt: »Ich lebe, und ihr sollt auch leben!« (Joh. 14, 19).

Das ist unsere neue Lage. Und ich frage noch einmal, ob wir diese neue Lage zur Kenntnis nehmen wollen? Alle Überwindung der menschlichen Not und Einsamkeit beginnt mit dem Ernstnehmen dieser Botschaft. Das geschieht, wenn ein Mensch einfach und bewußt sagt: »Ja, ich habe es gehört. Es ist eine neue Zeit angebrochen. Jesus ist da. ER hat den Zorn Gottes überwunden. ER hat sich zu Tode geliebt, um mich aus meiner Sünde und aus meinem Ichbezug herauszuholen.«

D. Die Einladung Gottes

Es gibt Leute, die streiten stundenlang über theologische Probleme. Man kann das ja machen, man muß nur wissen, was es bringt. Eines steht auf jeden Fall fest: Theologische Auseinandersetzungen bringen *nicht* die Verwandlung des Lebens. Im Evangelium aber geht es *nur* um die Verwandlung des Lebens. Und zwar sieht die Verwandlung so aus:

Der Mensch wird bevollmächtigt, in seinem Leben den Geber an die erste Stelle und die Gabe wieder an die zweite Stelle zu setzen. Gottes Herrschaft wird wieder das erste, und der Gebrauch der Gaben und der Welt wird davon abhängig gemacht, d. h. diese Welt wird das zweite.

Dazu will uns unser Herr einladen und verwandeln. Es geht niemals um allgemeine Theorien über das Christentum, sondern um die Erlösung des Menschen aus jenem Irrtum, den Römer 1 angezeigt hat. Dort hat der Mensch sich an das Vergängliche geklammert und wurde von Gottes Zorn in diese Sünde hineingezwungen. Nun aber löst Jesus Christus den Menschen vom Vergänglichen und bindet uns ans Unvergängliche. Jesus Christus befreit von den Dingen und bindet an Seine ewige Herrschaft. Und diese Bindung hat Folgen für das gesamte Leben. Leib, Seele und Geist werden in eine völlig neue Weise des Lebens hineingenommen. Das hat Auswirkungen bis in die einfachsten Gespräche und in die einfachsten Gestaltungen unseres Lebens hinein. Darüber wollen wir uns jetzt Gedanken machen.

Zunächst müssen wir uns darüber klarwerden, daß Gott der Einladende ist. Wir alle kennen die Geschichte vom großen Abendmahl. Da heißt es bei Lukas (Kap. 14, 16 ff.): » . . . der machte ein großes Abendmahl und lud viele dazu ein . . .«

Dies muß man zunächst einfach hören: Alle Verwandlung unseres Lebens und aller Durchbruch aus der Einsamkeit beginnt mit der Einladung Gottes an uns. Nicht wir haben zu beten: »Komm, Herr Jesu, sei Du unser Gast«, sondern ER bittet uns: »Sei du Mein Gast.«

Damit ist eine der ersten Entscheidungen zu fällen: Wollen wir Gott in unser Leben rufen, in unser Sorgen und in unsere Probleme? oder hat Gott nicht das Recht und die Macht, uns von uns weg zu Sich zu rufen?

Die Bewegung ist völlig umgekehrt; in dem ersten Falle bestimmen wir die Richtung und wollen Gott auf unserem Weg haben, und im zweiten Fall ruft Gott und will uns auf Seinem Weg haben.

Wer hat denn nun die Richtung des Lebens anzuzeigen? Gott oder wir? Wer hat den Beruf zu bestimmen? Gott oder wir? Wer hat die Einsicht in das Leben zu geben? Gott oder wir? Wer ordnet die Familienverhältnisse? Die Familie oder Gott? Wer bestimmt über das, was Evangelium ist? Gott oder wir? Wer lädt zum Fest ein? Gott oder wir?

Diese Frage muß gehört und beantwortet werden. Und nur der hat eine Chance zu einem neuen Leben, der dies zur Kenntnis nimmt und daraufhin die erste Konsequenz zieht. Sie kann nur lauten: Herr, ich will zu Dir kommen. Ich will mich von Dir rufen lassen. Rede, dein Knecht hört!

1. Es geht um ein Fest

Unter einer Festlichkeit verstehen wir normalerweise einige frohe und unbeschwerte Stunden. Wenn das Fest vorüber ist, geht man wieder in den Alltag. Genau dies ist *nicht* gemeint. Es geht um etwas ganz anderes.

Gott lädt zum großen Abendmahl, d.h. zum großen Fest, weil ER den Menschen Seine Gemeinschaft anbietet. Es geht um nicht mehr und nicht weniger, als daß Menschen eins werden mit dem ewigen Gott. ER will uns an sich »festmachen«. Um dieses Fest geht es.

Das bedeutet gleichzeitig, daß von diesem »Fest« keiner mehr wegkommt. Gott hält uns ewig fest, denn ER hält ein ewiges Fest. Man kann nicht einmal ihm gehören und dann wieder sich selbst.

Wenn Jesus Christus uns Menschen zu sich ruft, dann beginnt damit eine neue, unauflösliche Gemeinschaft. ER bricht unsere Einsamkeit auf und teilt Sich in unser Leben hinein mit. »Die Liebe Gottes ist ausgegossen in unser Herz . . .« (Röm. 5, 5b). Das soll geschehen, damit die Qualität der Liebe Gottes unser Wesen erfüllt. Nicht die vergängliche Liebe der Menschen, nicht die zerstörende Eigenliebe von uns selbst, sondern die Macht der unvergänglichen Liebe soll das Leben bestimmen.

Wir können »Liebe« auch so übersetzen: »Der ewige Gott will auf uns in Zeit und Ewigkeit nicht mehr verzichten, ER erträgt es nicht, ohne dich und mich Ewigkeit zu feiern.« Zu dieser Gemeinschaft sind wir gerufen. Mehr gibt es nicht, und weniger soll es nicht sein.

Wir merken: Dies muß die Überwindung der Einsamkeit sein. Nicht indem wir uns über die Einsamkeit und über den traurigen Selbstbezug Gedanken machen, brechen wir aus der Einsamkeit aus, sondern indem wir in das liebende Du Gottes hineingezogen werden, wird unsere Einsamkeit aufgebrochen.

2. Was muß ich tun?

Wie kommen wir zu dieser Liebe, zu diesem Fest? Wie sieht das ganz praktisch aus? Was müssen wir tun, um der Einladung nun zu folgen?

Die Antwort ist einfach. Jeder kann diesen Schritt tun, aber es gibt einen Stolz und einen Hochmut, der noch nicht einmal dieses wahrnimmt. Gott nehme uns solchen Stolz!

Geh auf deinen Herrn zu! ER ist da, wo immer du Ihn anrufst. Knie vor Ihm nieder! Sprich aus, was dich in der Tiefe bewegt! ER ist dir näher, als du jetzt weißt. Leg Ihm dein ganzes Leben vor, alle Sünden, die dir jetzt einfallen, alle Einsamkeit, die dich so lange gequält hat, all die Selbstverliebtheiten, unter denen du mehr gelitten hast, als alle anderen wußten. Und erflehe von Jesus, dem Mann von Golgatha, der jetzt gegenwärtig ist, die Befreiung vom Zorn Gottes und bitte um die Einheit mit der Liebe, die dir und uns allen für immer zugesagt ist.

Tue dies nicht morgen, sondern heute. Jetzt. Was hindert dich? Und wenn du sagst, du hättest schon oft gebetet, dann tu es wieder und wieder. Vielleicht können dir diese Worte helfen:

»Lieber Herr Jesus Christus, ich habe erkannt, daß ich mich selbstherrlich in meinem Leben behauptet habe und daß dies der Grund meiner Einsamkeit ist. Ich habe gesündigt und die vergänglichen Dinge mehr geliebt als den Vater, den ich gerne lieben und preisen möchte in Zeit und Ewigkeit.

Ich habe gemerkt, wie ich mehr und mehr von den Dingen gepackt, beherrscht und bezwungen wurde. Ich habe mich an Menschen gebunden und versucht, daß sie sich an mich binden. Ich gestehe Dir, daß ich dabei nicht reicher, sondern innerlich ärmer geworden bin.

Bitte, mach mich frei für Dich und Dein Evangelium. Öffne mir Dein Wort und gib mir zu erkennen, was Du gibst und was Du willst und nimmst.

Alles, was ich habe, soll Dein Eigentum sein. Ich halte nichts zurück. Was ich habe an Eigentum und Menschen, das will ich für dich verwalten und besorgen.

Ich bitte Dich, bewahre mich von nun an bis zur Stunde des Todes und zieh mich eines Tages hinüber in Dein Reich, das ohne Ende sein wird. Und wenn es Dein Wille und Deine Gnade ist, dann mach mich zu einem Segen für viele andere, daß ich Dir zu Ehren eines Tages auch Menschen zu Dir bringen kann.

Ich will Dein Eigen sein, heute und morgen und in Ewigkeit. Amen.

Dann erhebe dich von deinen Knien und glaube IHM, daß

ER dich erhört hat und in Seine Gemeinschaft aufgenommen hat. Wenn du alleine dieses Gebet der Übergabe nicht vollziehen kannst, oder wenn du wegen vergangener Sünden nicht zur Ruhe kommst, dann gehe zu jemandem, von dem du weißt, daß er beten kann und daß er ein Eigentum Jesu ist. Dann betet gemeinsam und bitte darum, daß der Seelsorger oder die Seelsorgerin dir die Hände auflegt und dich im Namen Jesu losspricht und segnet.

Dies ist ein Weg, um die Chance zu ergreifen, daß man sein Leben »festmacht« durch die Einladung Gottes.

3. Die neue Gemeinschaft

Jeder Versuch, mit einem Menschen tiefste Gemeinschaft zu haben, muß scheitern. Das Vergängliche ist nicht in der Lage, eine gültige Gemeinschaft aufzubauen. Wir müssen einen Umweg machen, wenn wir mit Menschen echte Gemeinschaft erfahren wollen. Dieser Umweg geht über Christus. Hier liegt die neue Gemeinschaft. Was bedeutet das?

Die Bindung an Jesus Christus ist geistlicher Art. Das heißt, die Beziehung zwischen einem Menschen und dem Herrn geschieht durch die Verkündigung des Wortes Seiner Wahrheit. Jesus sagt uns in Seinem Wort die ewige Treue zu, so daß wir uns im Leben und im Sterben, in allen Höhen und Tiefen auf Seine Vergebung und auf Seine Fürbitte beim Vater verlassen können. Sein Verhältnis zu uns hat ewigkeitliche Qualität und ist durch nichts zu erschüttern. Wir sollten darum in unserem Glaubensleben nicht so viel von unseren Nöten und Schwierigkeiten und von unseren Sünden sprechen, sondern wir haben allen Grund, von Seiner Treue, von

Seiner Wahrheit und von Seiner unverbrüchlichen Liebe zu uns zu sprechen. Es kommt doch keiner unter uns zum Glauben, weil er das aus irgendwelchen Gründen gerne beschließen möchte, sondern wir glauben Ihm, weil ER uns in Seinem Wort gerufen hat. Wir glauben an Seine Liebe und Treue. So entsteht die Gemeinschaft zwischen Ihm und uns.

Weil Seine Treue und Liebe ewige Qualität haben, weil sie alle Zeiten und alle Räume und alle Tode zu überschreiten vermögen, darum ist uns nichts so nahe wie Seine Gegenwart. ER ist unsere unmittelbare Umgebung. ER ist wesentlich eins mit uns. Es gibt für einen Glaubenden kein näheres Du als Ihn. »Komm, Du nahes Wesen, Dich in mir verkläre, daß ich Dich stets lieb und ehre...«, singt der Dichter Gerhard Tersteegen. Die Frage lautet jetzt nicht, ob ich das immer fühle und denke, sondern die Frage lautet, ob das wirklich so ist, auch wenn ich es nicht fühlen und denken kann.

Jesus betet im Hohenpriesterlichen Gebet, Johannes 17, 26: »Und Ich habe ihnen (den Jüngern) Deinen (des Vaters) Namen kundgetan und will ihn kundtun, auf daß die Liebe, damit Du Mich liebst, sei in ihnen und Ich in ihnen!«

Die unverbrüchliche Einheit zwischen dem Jünger und Seinem Herrn liegt nicht in uns und in unserem Wollen. Fühlen und Denken begründet, sondern allein in Ihm und Seiner Fürbitte.

So verstehen wir jetzt, daß es keine letzte Gemeinschaft mit dem Menschen gibt, weil unser Herr diesen Platz eingenommen hat. Die Begegnung mit dem anderen geht von nun an nie mehr »direkt«, sondern immer über den Herrn. Wir brauchen den anderen nicht, um in unserem Ich ein Du zu haben, sondern wir haben durch das Du Christi das Ende all unserer Einsamkeit erfahren. Will ich mit dem anderen Gemeinschaft haben, und will er es mit mir, dann suchen wir diesen Herrn, der unser beider Erfüllung ist, und suchen nicht mehr uns.

So gibt es für eine geistliche Gemeinschaft nicht das nahe, seelische Zusammenrücken, sondern das gemeinsame Suchen der Wahrheit. Geistliche Gemeinschaft, die aus der Wahrheit geboren ist, will nicht den Menschen, sondern immer und immer wieder die Wahrheit Christi. Und wenn der andere Mensch sich ebenfalls von der Wahrheit Christi erobern läßt, dann entsteht auch jene neue Gemeinschaft zwischen Menschen, die nicht auf menschlicher Liebe und Erotik beruht, sondern die aus der Bindung an die Wahrheit Christi geboren ist.

So hat die neue Gemeinschaft zwei Seiten: Auf der einen Seite lebt der Mensch im Glauben an Christus; in diesem Glauben erfahren wir die Einheit mit Ihm, und hier ist unsere Einsamkeit ein für allemal aufgebrochen. ER ist bei uns alle Tage.

Die andere Seite dieser neuen Gemeinschaft besteht darin, daß wir nun ein völlig neues Verhältnis zu Menschen aufbauen können. Wir wollen den anderen nicht mehr unmittelbar an uns binden, sondern möchten, daß der andere sich nun auch ganz an Christus bindet. Und die engste Gemeinschaft, die ein Christ mit einem Menschen haben kann, ist die, daß beide sich im Glauben an Christus abgeben und so in Christus eins werden.

Das Zeichen dieser neuen Gemeinschaft ist das Kreuz. Daran hält sich jeder fest, und darin sind sich beide eins. Keiner will den anderen unter sich zwingen, keiner will über den anderen verfügen, man will den anderen nicht mit allen möglichen Mitteln gewinnen und an sich binden, sondern man verweist auf den Herrn und wünscht, daß der andere sich dort auch bindet und von allen Menschen frei wird. Geistliche Gemeinschaft will Wahrheit, immer nur Wahrheit, und sie weiß, daß es keinen unmittelbaren Zugang zum anderen Menschen geben kann und soll, sondern daß der Zugang über Christus die tiefste und schönste aller Gemeinschaften ermöglicht.

4. Der Lobgesang bricht auf

Die Bindung an Christus schafft die Gemeinschaft der Glaubenden. Und es ist ein Geheimnis, daß die Gemeinschaft des Glaubens eine neue Sprache hervorbringt, nämlich den Lobgesang.

Es ist nicht möglich, daß Menschen, die dem Herrn begegnet sind und mit Ihm eine feste Lebensgemeinschaft eingegangen sind, nicht einstimmen könnten in das Singen der Gemeinde Jesu Christi. Und selbst wenn man nicht singen könnte, weil man unmusikalisch ist, so wird man trotzdem eine große Freude erfahren an dem Lobgesang der Kirche Jesu.

Von hierher muß der Satz gewagt werden, daß eine Gemeinde, die sich wirklich um Jesus Christus versammelt, niemals entscheiden kann, ob sie singen will, sondern sie kann nur entscheiden, was oder wie sie singen möchte, aber gesungen werden muß! Das ist über die Gemeinschaft des Glaubens genauso entschieden, wie über eine Frühlingswiese entschieden ist, daß das Gras grünen und die Blumen blühen sollen.

Darum rate ich jedem, daß er sein Gesangbuch einmal neu zur Hand nimmt, um die Lieder des Glaubens langsam zu lesen und vielleicht auch wieder vor sich hin zu singen. Der laute Ruf nach neuen Liedern soll nicht einen Augenblick vergessen machen, daß wir bereits überreich mit guten und unerhört starken Liedern beglückt sind. Ich will keine Untersuchung der neueren Lieder veranstalten, aber wenn ich die Lieder von Paul Gerhardt oder Gerhard Tersteegen lese und singe, dann bin ich zutiefst davon überzeugt, daß unsere Zeit keine gewaltigeren Aussagen in dieser Form machen kann. Darum laßt uns als Menschen, die zum »Fest« Gottes eingeladen sind, auch wieder die Lieder lernen, die dort bestimmt gesungen werden!

Es ist nicht von ungefähr, daß die Heilige Schrift die ewige Herrlichkeit immer mit einem großen und gewaltigen Lobgesang beschreibt. Denn Gott loben, das ist die Berufung der Erlösten. Größeres kann ein Mensch nicht erleben. Und nie sind wir freier und gelöster, als wenn wir Gott in allen Lagen unseres Lebens loben können.

Die Gemeinschaft der Glaubenden wird darum immer eine Gemeinschaft der Lobenden sein. Dazu laßt uns auch Zeit nehmen, um das zu üben.

5. Der neue Weltbezug

Während die Einsamkeit des Menschen lähmend wirkt und unfroh macht, setzt die Gemeinschaft mit Christus völlig neue Kräfte frei. Das ist wie bei der Kernspaltung des Atoms. Da werden auch aus den kleinsten Teilchen ungeheure Energien freigesetzt. So ist es in der Begegnung mit diesem Herrn.

Wenn ER erst einmal an unseren Kern herangekommen ist und uns bearbeiten kann, dann setzt ER auch bei uns Kräfte frei, die wir bis dahin gar nicht in uns vermuteten.

Die Einheit mit Christus gibt einen neuen Blick für das Elend dieser Welt und ihrer Menschen. Wir durchschauen plötzlich, daß alles Elend einen einzigen Grund hat: Der Mensch hat seinen Schöpfer verloren. Er ist an sich selbst einsam geworden, er lebt unter dem Zorn.

Darum müssen Jünger Jesu das große Erbarmen bekommen, weil sie die wirkliche Not sehen und die einzige Hilfe kennen. Darum können wir nicht anders, wir müssen von Jesus Christus reden und bezeugen, was ER an uns getan hat. Wir müssen, wie die Boten im Gleichnis vom großen Abendmahl, hinausgehen an die Hecken und Zäune und sie einladen, hereinzukommen. Wir können gar nicht mehr anders, als die Sünde des anderen unter das Kreuz Christi zu bringen. Wir müssen uns erbarmen über die Nöte des Leibes. Wir werden liebend helfen, wo immer wir können. Und die Gemeinde des Glaubens kann nicht anders, sie muß und will an den Sterbebetten aushalten, um die große Einsamkeit des Sterbens mit dem Glanz des Evangeliums zu durchbrechen.

Und hier liegt eine seltsame Erfahrung, die alle, die sich dem Elend zugewandt haben, bezeugen können: Nie war und ist uns die Gegenwart Christi näher, als wenn wir uns dem Elend zuwenden. Wo jemand die Liebe Christi auslebt, da wird die Gegenwart Christi um so gewisser.

Einsamkeit wird nie vollmächtiger überwunden, als wenn man im Namen Christi zu lieben wagt. Dann wird man nicht schwächer, sondern stärker. Darum sollte jeder unter uns bewußt und willentlich das ungeheure Elend dieser Welt in seiner Umgebung und mit seinen Kräften angehen. Wir bekommen dazu die Kraft. Der Dienst macht froher als die selbstbezogene Frömmigkeit. Die Gemeinschaft wird herzlicher, wenn man sich dienend an die Welt wagt.

6. Die neue Perspektive

Alle Überwindung der Einsamkeit liegt in Christus beschlossen. ER ist das Du, das uns so nahekommt, wie wir uns selber nicht nahekommen können. ER muß uns nicht enträtseln. ER weiß, wer wir sind und wer wir nicht sind. ER macht sich keine Sorgen um unsere Zukunft, denn ER hat uns ja in der Hand. ER verzweifelt auch nicht an uns und unseren Anfechtungen, denn ER hat für uns gebetet und wird immer für uns beten, daß unser Glaube nie aufhöre. Seine Einladung zur Nachfolge hat hier begonnen, und ER wird dafür sorgen, daß sie in Ewigkeit beim Vater vollendet wird.

Die Gemeinschaft mit Christus ist endgültig und hält in der Zeit, im Sterben und in Ewigkeit. Das ist unser Trost und der Grund unseres Hoffens.

Darum laßt uns den Tod nicht übersehen wollen, sondern laßt uns immer wieder den Mut finden, durch die Nacht des Todes hindurchzuglauben. Denn die Anfechtungen und Zweifel werden kommen und uns überrennen. Das sind die Leiden der Zeit. Das gehört zu der Welt des Todes. Aber wenn schon der Tod nicht in der Lage ist, uns von Christus zu scheiden, dann hat auch die Zeit mit ihren Anfechtungen nicht die Macht, uns von Christus zu trennen.

Ein alter, erfahrener Seelsorger hat mir einmal zugerufen: »Vergessen Sie es nicht: Von allem müssen wir Abschied nehmen, nur nicht von Dir, Herr Jesus!«

So laßt uns dann und wann über die Friedhöfe gehen um die Lektion frühzeitig zu lernen: »Von allem müssen wir Abschied nehmen!« Und wenn uns angesichts der Vergänglichkeit und des Todes das Herz schwer wird und wir verzagen wollen, dann laßt uns angesichts der Gräber den Satz weitersagen: » . . . nur nicht von Dir, Herr Jesus!« Wir wollen inmitten einer absoluten Vergänglichkeit mit den Augen des Glaubens hinüberschauen in die Herrlichkeit des Vaters. Wir haben eine Heimat vor uns, die heute schon für uns unaussprechlich ist. Aber dorthin geht es gewiß. Das große Abendmahl wird stattfinden. Und wir werden dabeisein, und wir werden dann schauen, was wir hier im Glauben erfahren dürfen: Von allem müssen wir Abschied nehmen, aber nie von diesem Herrn. Wir wollen und müssen uns immer wieder von den Dingen trennen können, die sich in dieser Welt bei uns festhaken wollen, denn wir sind längst »festgemacht« bei unserem Herrn. Es ist oft furchtbar anzusehen, wie Menschen nicht loslassen können, wenn Gott ihnen etwas nimmt. Christen haben längst alles losgelassen, darum können sie auch abgeben, wenn der Herr es von ihnen verlangt. Die Gedanken des Loslassens sollen uns nicht schwermütig machen, sondern unser Herz weiten für die Heimat. Hier müssen wir Anfechtungen erleiden, dort nicht mehr! Hier wird uns manches Mal die Gemeinschaft mit Jesus Christus zur Frage, dort werden wir auch fühlbar und sichtbar ständig eins mit Ihm sein.

Der Blick zur Ewigkeit macht nicht schwach, sondern er macht stark. Wer weiß, wohin seine Reise geht, der geht gewisser als der, der nicht weiß, wohin er gehört. Wer hier die Gemeinschaft mit IHM im Glauben erfährt, der wird getrosten Schrittes der Heimat entgegengehen, wo uns der Herr über alle Maßen verwandeln und trösten wird.

Ja, Herr Jesu, bei Dir bleib ich
so in Freude wie in Leid;
bei Dir bleib ich, Dir verschreib ich
mich für Zeit und Ewigkeit.
Deines Winks bin ich gewärtig,
auch des Rufs aus dieser Welt;
denn der ist zum Sterben fertig,
der sich lebend zu Dir hält.

Fritz Hollwich · Bärbel Verbeck

Augenheilkunde
für Krankenpflegeberufe

mit 121 Prüfungsfragen

4., überarbeitete Auflage

252 Abbildungen in 321 Einzeldarstellungen
sowie 25 Farbbilder auf 8 Tafeln

1988
Georg Thieme Verlag Stuttgart · New York

CORNELIA NUSSBAUMER

Prof. Dr. med. Dr. med. h. c. Fritz Hollwich
em. Direktor der Universitäts-Augenklinik, Münster/Westfalen
Winterthurer Straße 5, D-8000 München 71

Dr. med. Bärbel Verbeck
Fachärztin für Augenkrankheiten, Nordhorn/Westfalen

1. Auflage 1974	1. Nachdruck 1982
1. Nachdruck 1977	1. spanische Auflage 1982
2. Nachdruck 1979	2. Nachdruck 1984
2. Auflage 1980	3. Auflage 1984

CIP-Titelaufnahme der Deutschen Bibliothek

Hollwich, Fritz:
Augenheilkunde für Krankenpflegeberufe : mit Prüfungsfragen
/ Fritz Hollwich ; Bärbel Verbeck. – 4., überarb. Aufl. –
Stuttgart ; New York : Thieme, 1988
NE: Verbeck, Bärbel:

Wichtiger Hinweis: Medizin als Wissenschaft ist ständig im Fluß. Forschung und klinische Erfahrung erweitern unsere Kenntnisse, insbesondere was Behandlung und medikamentöse Therapie anbelangt. Soweit in diesem Werk eine Dosierung oder eine Applikation erwähnt wird, darf der Leser zwar darauf vertrauen, daß Autoren, Herausgeber und Verlag größte Mühe darauf verwandt haben, daß diese Angabe genau dem **Wissensstand bei Fertigstellung des Werkes** entspricht. Dennoch ist jeder Benutzer aufgefordert, die Beipackzettel der verwendeten Präparate zu prüfen, um in eigener Verantwortung festzustellen, ob die dort gegebene Empfehlung für Dosierungen oder die Beachtung von Kontraindikationen gegenüber der Angabe in diesem Buch abweicht. Das gilt besonders bei selten verwendeten oder neu auf den Markt gebrachten Präparaten und bei denjenigen, die vom Bundesgesundheitsamt (BGA) in ihrer Anwendbarkeit eingeschränkt worden sind. Benutzer außerhalb der Bundesrepublik Deutschland müssen sich nach den Vorschriften der für sie zuständigen Behörde richten.

Geschützte Warennamen (Warenzeichen) werden *nicht* besonders kenntlich gemacht. Aus dem Fehlen eines solchen Hinweises kann also nicht geschlossen werden, daß es sich um einen freien Warennamen handele.

Das Werk ist urheberrechtlich geschützt. Jede Verwertung in anderen als den gesetzlich zugelassenen Fällen bedarf deshalb der vorherigen schriftlichen Einwilligung des Verlages.

© 1974, 1988 Georg Thieme Verlag, Rüdigerstraße 14, D-7000 Stuttgart 30
Printed in Germany

Satz und Druck: Druckhaus Dörr, Inh. Adam Götz, D-7140 Ludwigsburg (Linotype System 5 [202])

ISBN 3-13-500404-X   1 2 3 4 5 6